school - škola	2
travel - cesta	5
transport - transport	8
city - město	10
landscape - krajina	14
restaurant - restaurace	17
supermarket - supermarket	20
drinks - nápoje	22
food - jídlo	23
farm - usedlost	27
house - dům	31
living room - obývací pokoj	33
kitchen - kuchyně	35
bathroom - koupelna	38
child's room - dětský pokoj	42
clothing - oblečení	44
office - kancelář	49
economy - hospodářství	51
occupations - povolání	53
tools - nářadí	56
musical instruments - hudební nástroje	57
zoo - zoo	59
sports - sport	62
activities - aktivity	63
family - rodina	67
body - tělo	68
hospital - nemocnice	72
emergency - urgentní případ	76
Earth - země	77
clock - hodiny	79
week - týden	80
year - rok	81
shapes - tvary	83
colours - barvy	84
opposites - protiklady	85
numbers - čísla	88
languages - jazyky	90
who / what / how - Kdo / co / jak	91
where - kde	92

AF205567

Impressum
Verlag: BABADADA GmbH, Nedderfeld 112 , 22529 Hamburg
Geschäftsführer / Verlagsleitung: Harald Hof
Druck: Books on Demand GmbH, In de Tarpen 42, 22848 Norderstedt

Imprint
Publisher: BABADADA GmbH, Nedderfeld 112 , 22529 Hamburg, Germany
Managing Director / Publishing direction: Harald Hof
Print: Books on Demand GmbH, In de Tarpen 42, 22848 Norderstedt

school

škola

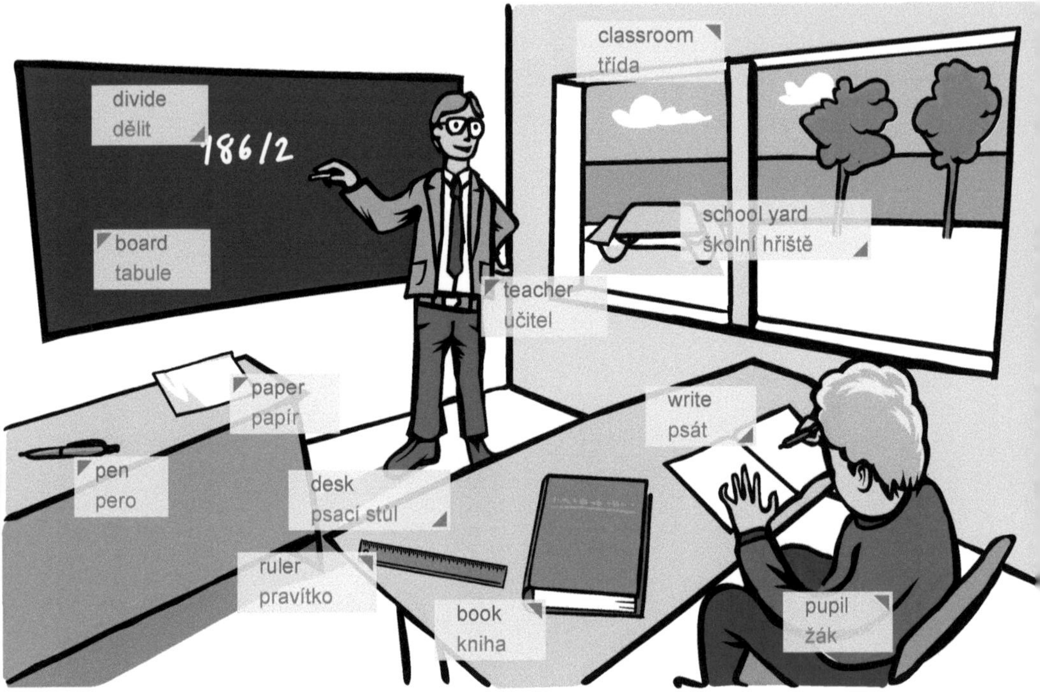

classroom
třída
divide
dělit
186/2
board
tabule
teacher
učitel
school yard
školní hřiště
paper
papír
write
psát
pen
pero
desk
psací stůl
ruler
pravítko
book
kniha
pupil
žák

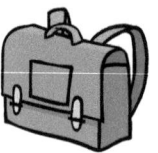

satchel

aktovka

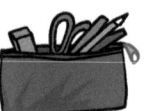

pencil case

penál

pencil

tužka

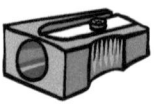

pencil sharpener

ořezávátko

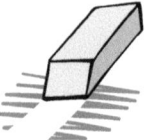

rubber

guma

drawing pad

blok na kreslení

drawing

výkres

paintbrush

štětec

paint box

malířské potřeby

scissors

nůžky

glue

lepidlo

exercise book

cvičebnice

homework

domácí úkol

number

počet

add

sčítat

subtract

odčítat

multiply

násobit

calculate

počítat

letter

písmeno

alphabet

abeceda

word

slovo

text

text

read

číst

chalk

křída

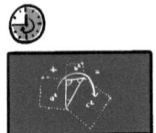

lesson

hodina

register

třídní kniha

exam

zkouška

certificate

vysvědčení

school uniform

školní uniforma

education

vzdělání

encyclopedia

encyklopedie

university

univerzita

microscope

mikroskop

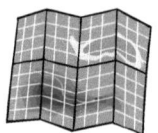

map

karta

waste-paper basket

odpadkový koš na papír

travel
cesta

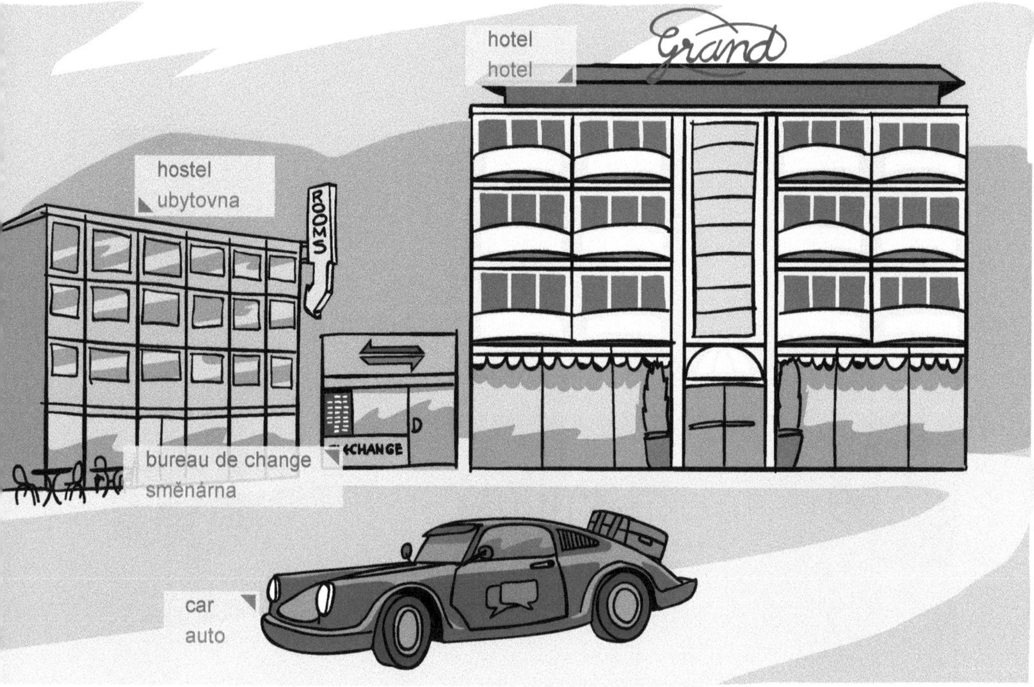

hotel
hotel
Grand
hostel
ubytovna
ROOMS
bureau de change
směnárna
CHANGE
car
auto

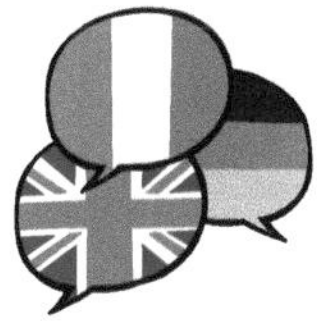

language

jazyk

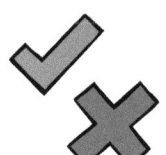

yes / no

ano / ne

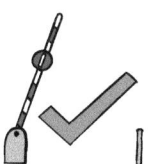

Okay

oukej

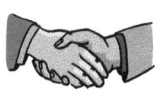

hello

Ahoj!

translator

překladatel

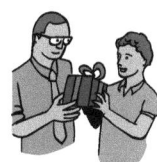

Thank you

děkuji

how much is...?

Kolik stojí...?

I do not understand

nerozumím

problem

problém

Good evening!

Dobrý večer!

Good morning!

Dobré ráno!

Good night!

Dobrou noc!

bye bye

na shledanou

direction

směr

luggage

zavazadlo

bag

taška

backpack

batoh

guest

host

room

pokoj

sleeping bag

spací pytel

tent

stan

tourist information
turistické informace

beach
pláž

credit card
kreditní karta

breakfast
snídaně

lunch
oběd

dinner
večeře

ticket
jízdenka

lift
výtah

stamp
poštovní známka

border
hranice

customs
clo

embassy
poselství

visa
vízum

passport
pas

transport
transport

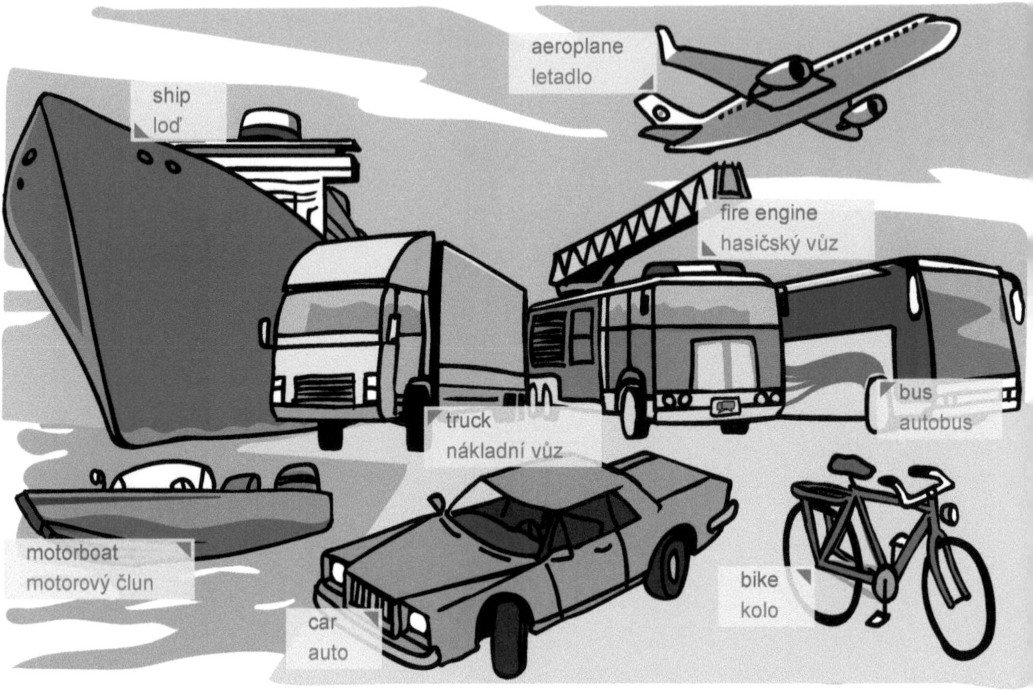

ship
loď
aeroplane
letadlo
fire engine
hasičský vůz
truck
nákladní vůz
bus
autobus
motorboat
motorový člun
car
auto
bike
kolo

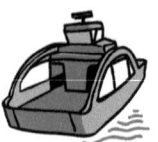

ferry

přívoz

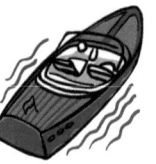

boat

člun

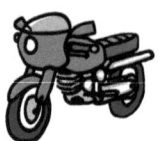

motorbike

motorka

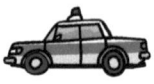

police car

policejní auto

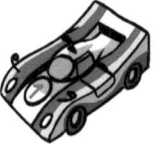

racing car

závodní auto

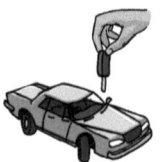

rental car

pronajaté auto

car sharing

sdílení aut

breakdown truck

odtahová služba

refuse truck

popelářský vůz

motor

motor

fuel

palivo

petrol station

čerpací stanice

traffic sign

dopravní značka

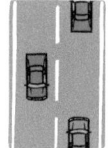

traffic

doprava

traffic jam

dopravní zácpa

car park

parkoviště

train station

vlakové nádraží

tracks

koleje

train

vlak

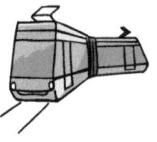

tram

tramvaj

carriage

vagón

helicopter

helikoptéra

airport

letiště

tower

věž

passenger

pasažér

container

kontejner

carton

kartón

cart

trakař

basket

koš

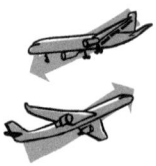

take off / land

vzlétnout / přistát

city

město

village

vesnice

city centre

střed města

house

dům

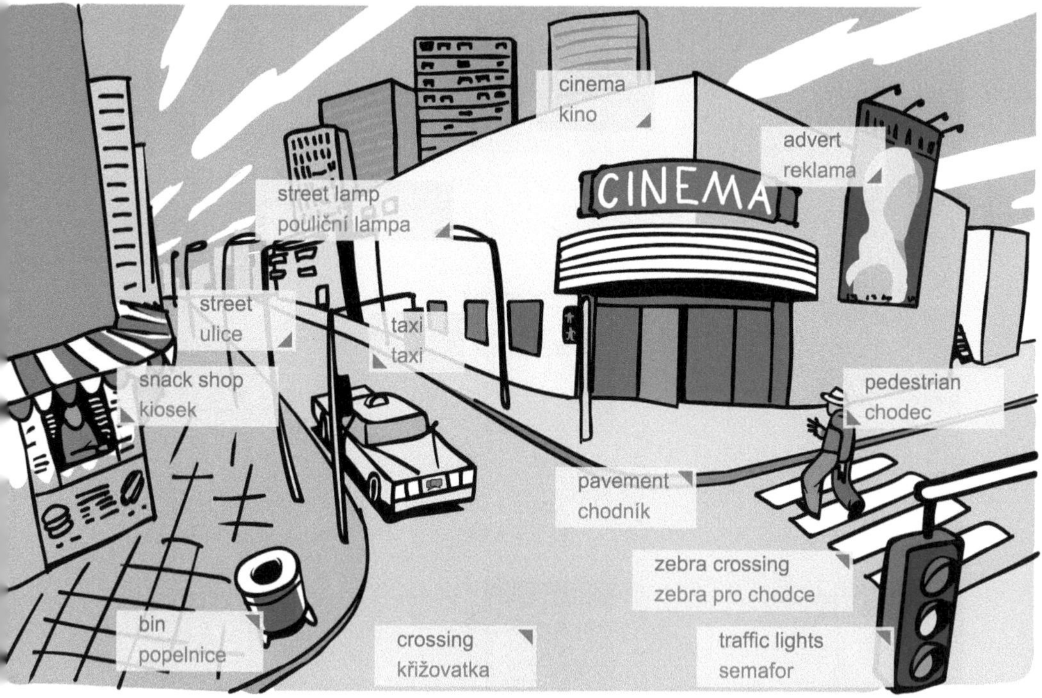

cinema
kino

advert
reklama

street lamp
pouliční lampa

CINEMA

street
ulice

taxi
taxi

pedestrian
chodec

snack shop
kiosek

pavement
chodník

zebra crossing
zebra pro chodce

bin
popelnice

crossing
křižovatka

traffic lights
semafor

hut

chata

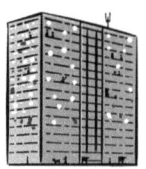

flat

byt

train station

vlakové nádraží

town hall

radnice

museum

muzeum

school

škola

university

univerzita

bank

banka

hospital

nemocnice

hotel

hotel

pharmacy

lékárna

office

kancelář

book shop

knihkupectví

shop

obchod

florist's

květinářství

supermarket

supermarket

market

tržnice

department store

obchodní dům

fishmonger's

rybárna

shopping centre

nákupní centrum

harbour

přístav

park

park

bench

lavička

bridge

most

stairs

schody

underground

metro

tunnel

tunel

bus stop

autobusová zastávka

bar

bar

restaurant

restaurace

postbox

poštovní schránka

street sign

pouliční tabule

parking meter

parkovací hodiny

zoo

zoo

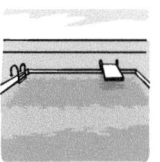

swimming pool

plovárna

mosque

mešita

farm	pollution	graveyard
usedlost	znečišťování životního prostředí	hřbitov

church	playground	temple
církev	hřiště	chrám

landscape
krajina

signpost
rozcestník

way
cesta

meadow
louka

stone
kámen

tree
strom

hiker
turista

river
řeka

grass
tráva

flower
květina

valley

údolí

hill

hora

lake

jezero

forest

les

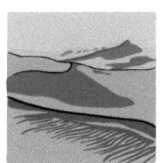

desert

poušť

volcano

sopka

castle

zámek

rainbow

duha

mushroom

houba

palm tree

palma

mosquito

komár

fly

moucha

ant

mravenec

bee

včela

spider

pavouk

beetle

brouk

frog

žába

squirrel

veverka

hedgehog

ježek

hare

zajíc

owl

sova

bird

pták

swan

labuť

boar

divoké prase

deer

jelen

moose

los

dam

přehrada

wind turbine

větrné kolo

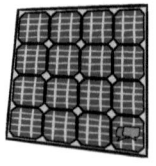

solar panel

solární panel

climate

podnebí

restaurant
restaurace

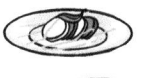

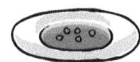

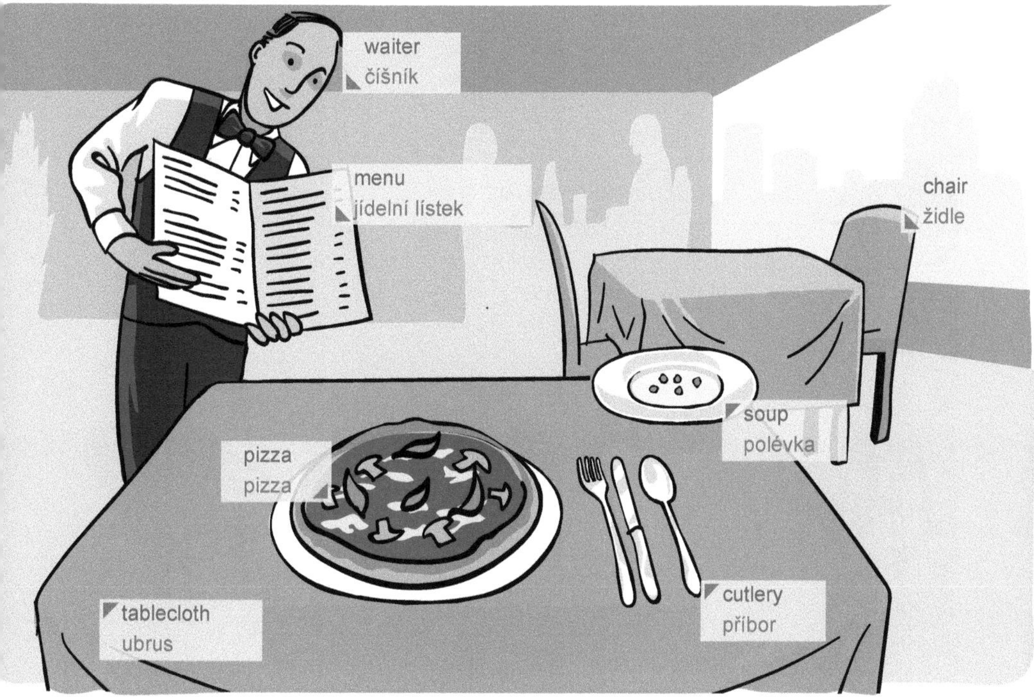

waiter
číšník
menu
jídelní lístek
chair
židle
soup
polévka
pizza
pizza
cutlery
příbor
tablecloth
ubrus

starter
....
předkrm

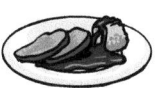

main course
....
hlavní chod

dessert
....
dezert

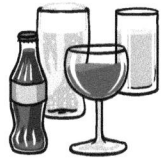

drinks
....
nápoje

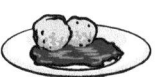

food
....
jídlo

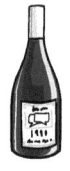

bottle
....
láhev

fast food

rychlé občerstvení

street food

pouliční občerstvení

teapot

čajová konvice

sugar bowl

cukřenka

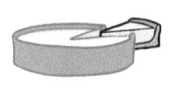

portion

porce

espresso machine

kávovar na espresso

high chair

dětská stolička

bill

faktura

tray

tác

knife

nůž

fork

vidlička

spoon

lžíce

teaspoon

čajová lyžička

serviette

ubrousek

glass

sklenička

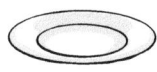

plate

talíř

soup plate

talíř na polévku

saucer

podšálek

sauce

omáčka

salt pot

slánka

pepper mill

mlýnek na pepř

vinegar

ocet

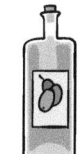

oil

olej

spices

koření

ketchup

kečup

mustard

hořčice

mayonnaise

majonéza

supermarket
supermarket

special offer
nabídka
FOR
customer
zákazník
dairy
mléčné výrobky
fruit
ovoce
trolley
nákupní vozík

BUTCHERS

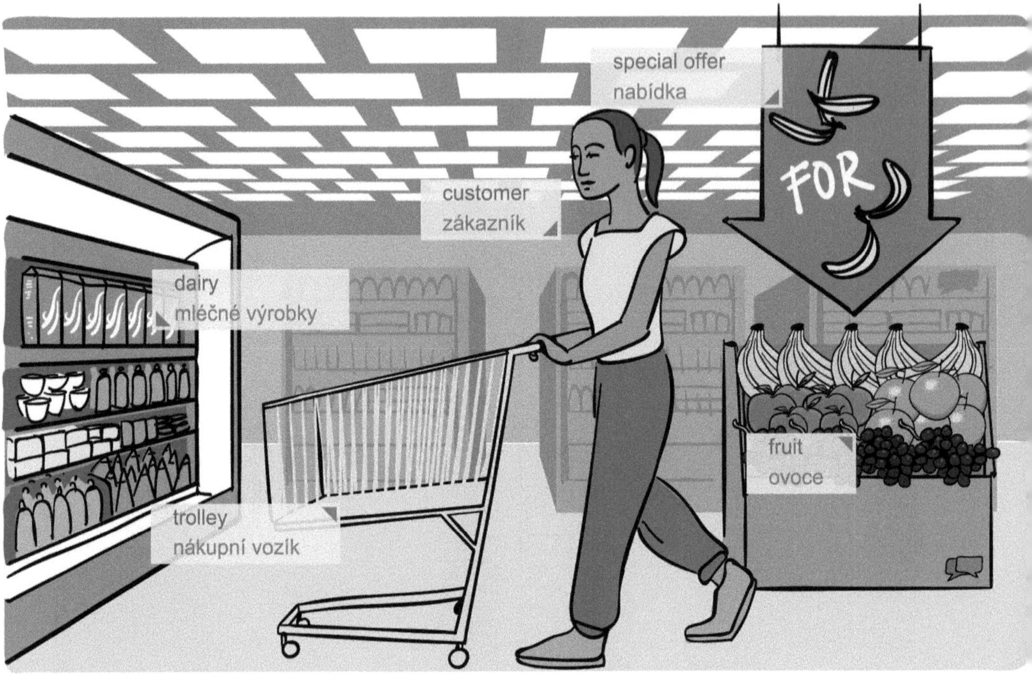

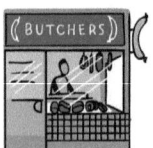

butcher´s

masna

BAKERY

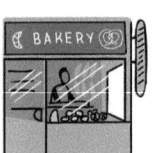

baker´s

pekařství

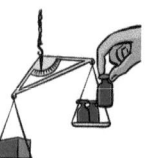

weigh

vážit

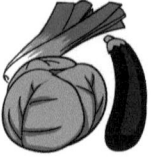

vegetables

zelenina

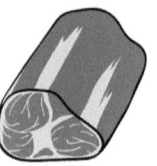

meat

maso

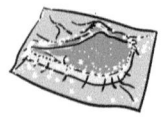

frozen food

mražené potraviny

cold meat

obložený talíř

tinned food

konzervy

washing powder

prací prášek

sweets

cukrovinky

household products

výrobky pro domácnost

cleaning products

čisticí prostředek

salesperson

prodavačka

till

pokladna

cashier

pokladní

shopping list

nákupní seznam

opening hours

otevírací doba

wallet

peněženka

credit card

kreditní karta

bag

taška

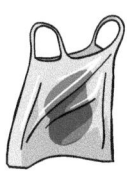

plastic bag

igelitová taška

water
voda

juice
džus

milk
mléko

coke
kola

wine
víno

beer
pivo

alcohol
alkohol

cocoa
kakao

tea
čaj

coffee
káva

espresso
espresso

cappuccino
kapučíno

banana

banán

apple

jablko

orange

pomeranč

melon

meloun

lemon

citrón

carrot

mrkev

garlic

česnek

bamboo

bambus

onion

cibule

mushroom

houba

nuts

ořechy

noodles

těstoviny

spaghetti

špageti

rice

rýže

salad

salát

chips

hranolky

fried potatoes

americké brambory

pizza

pizza

hamburger

hamburger

sandwich

sendvič

cutlet

řízek

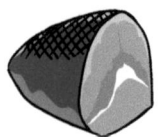

ham

šunka

salami

salám

sausage

salám

chicken

kuře

roast

pečeně

fish

ryby

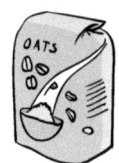

porridge oats

ovesné vločky

muesli

müsli

cornflakes

vločky

flour

mouka

croissant

croissant

bread roll

houska

bread

chléb

toast

toast

biscuits

sušenky

butter

máslo

curd

tvaroh

cake

buchta

egg

vejce

fried egg

volské oko

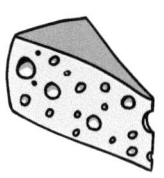

cheese

sýr

ice cream

zmrzlina

sugar

cukr

honey

med

jam

marmeláda

chocolate spread

nugátový krém

curry

kari

farm
usedlost

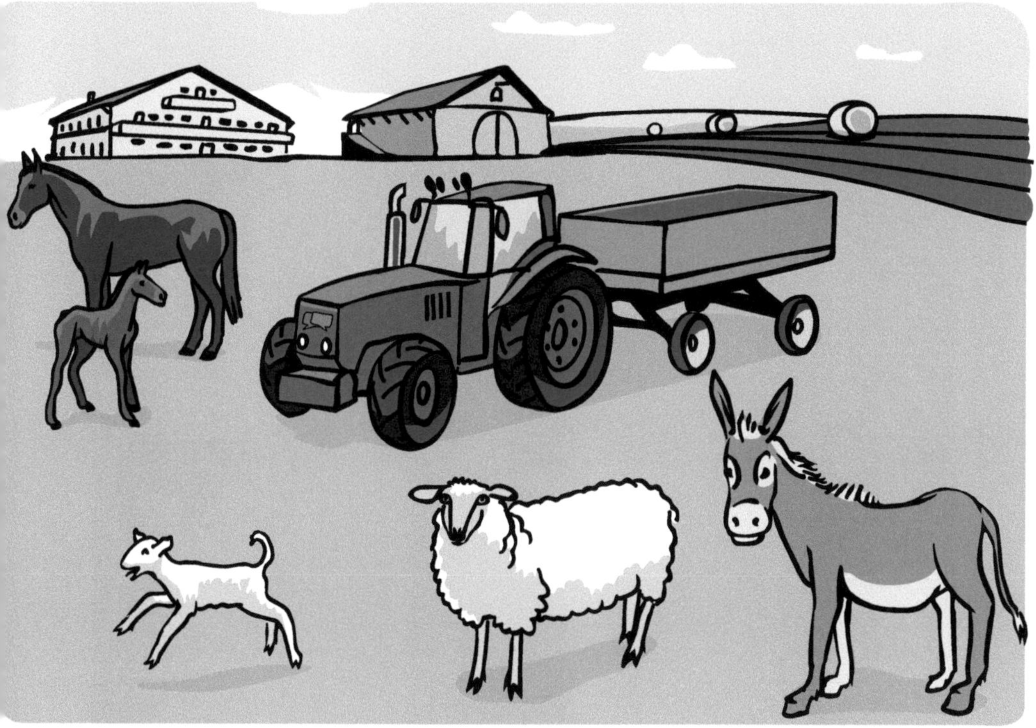

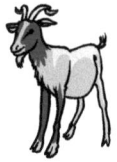

goat

koza

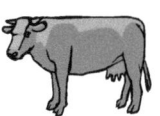

cow

kráva

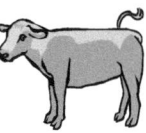

calf

tele

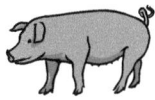

pig

prase

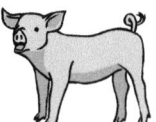

piglet

sele

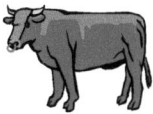

bull

býk

goose

husa

duck

kachna

chick

kuře

hen

slepice

cock

kohout

rat

krysa

cat

kočka

mouse

myš

ox

vůl

dog

pes

doghouse

psí bouda

garden hose

zahradní hadice

watering can

kropicí konev

scythe

kosa

plough

pluh

sickle

srp

hoe

motyka

pitchfork

vidle

axe

sekera

wheelbarrow

kolecko

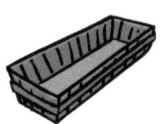

trough

koryto

milk can

konev na mléko

sack

pytel

fence

plot

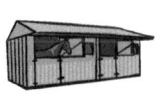

stable

stáj

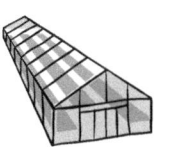

greenhouse

skleník

soil

půda

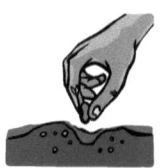

seed

osivo

fertilizer

hnojivo

combine harvester

kombajn

harvest

sklidit

harvest

sklizeň

yams

smldinec

wheat

pšenice

soy

sója

potato

brambora

corn

kukuřice

rapeseed

řepka

fruit tree

ovocný strom

cassava

maniok

cereals

obilí

house
dům

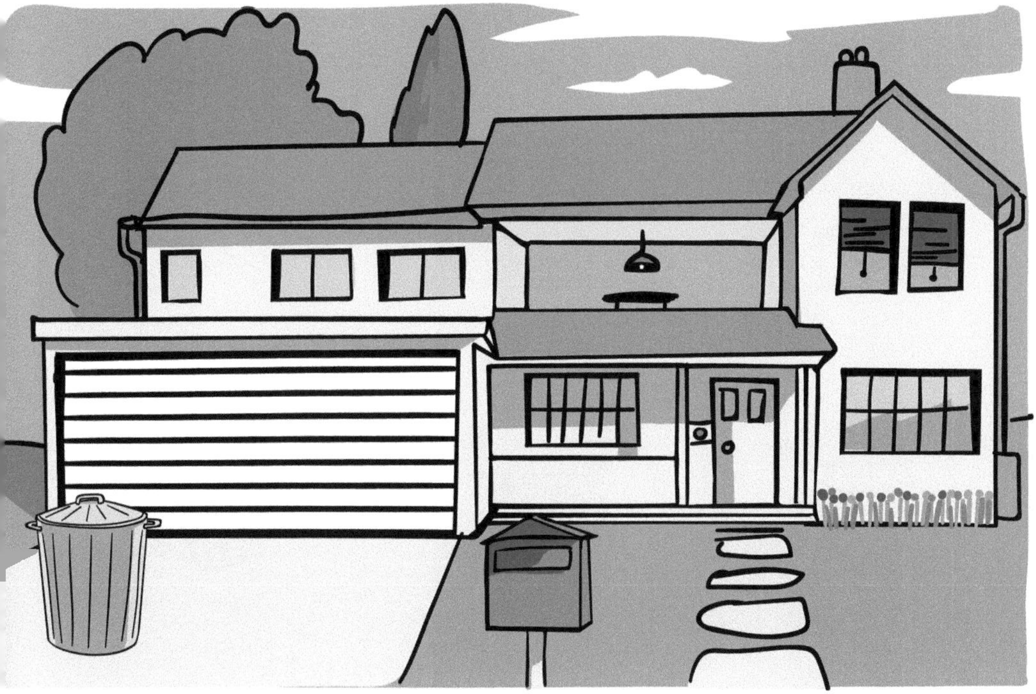

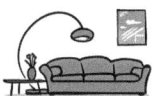

living room
obývací pokoj

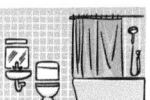

bathroom
koupelna

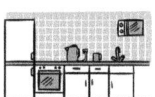

kitchen
kuchyně

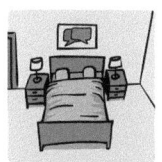

bedroom
ložnice

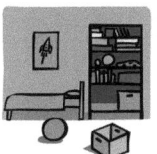

child's room
dětský pokoj

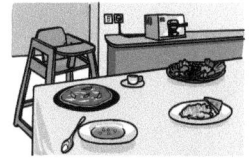

dining room
jídelna

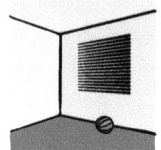

floor

podlaha

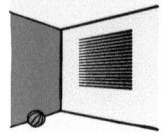

wall

zeď

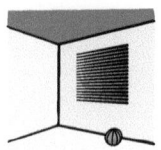

ceiling

deka

cellar

sklep

sauna

sauna

balcony

balkón

terrace

terasa

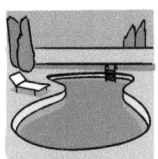

pool

bazén

lawn mower

sekačka na trávu

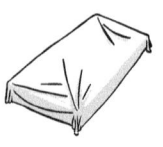

sheet

ložní prádlo

bedspread

lůžková přikrývka

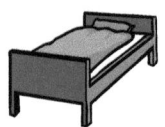

bed

postel

broom

smeták

bucket

kýbl

switch

vypínač

living room
obývací pokoj

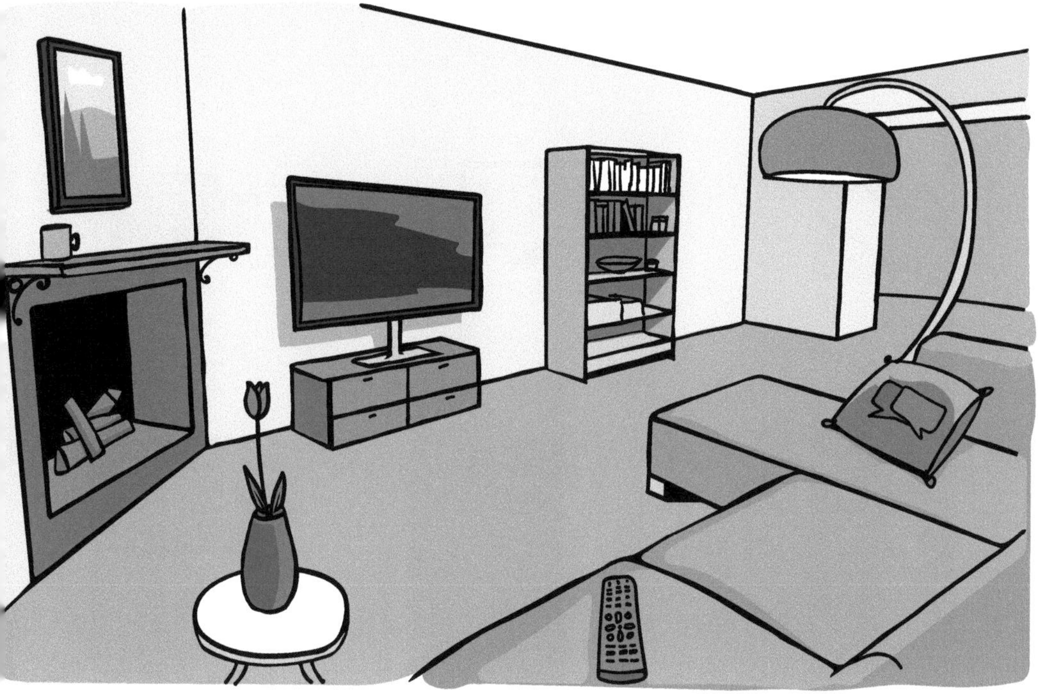

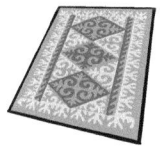

carpet
koberec

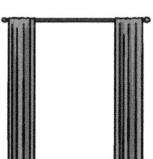

curtain
závěs

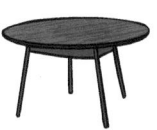

table
stůl

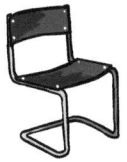

chair
židle

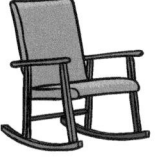

rocking chair
houpací křeslo

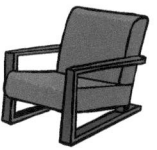

armchair
křeslo

book

kniha

blanket

strop

decoration

ozdoba

firewood

palivové dříví

film

film

hi-fi equipment

stereo souprava

key

klíč

newspaper

noviny

painting

malba

poster

plakát

radio

rádio

notepad

poznámkový blok

hoover

vysavač

cactus

kaktus

candle

svíce

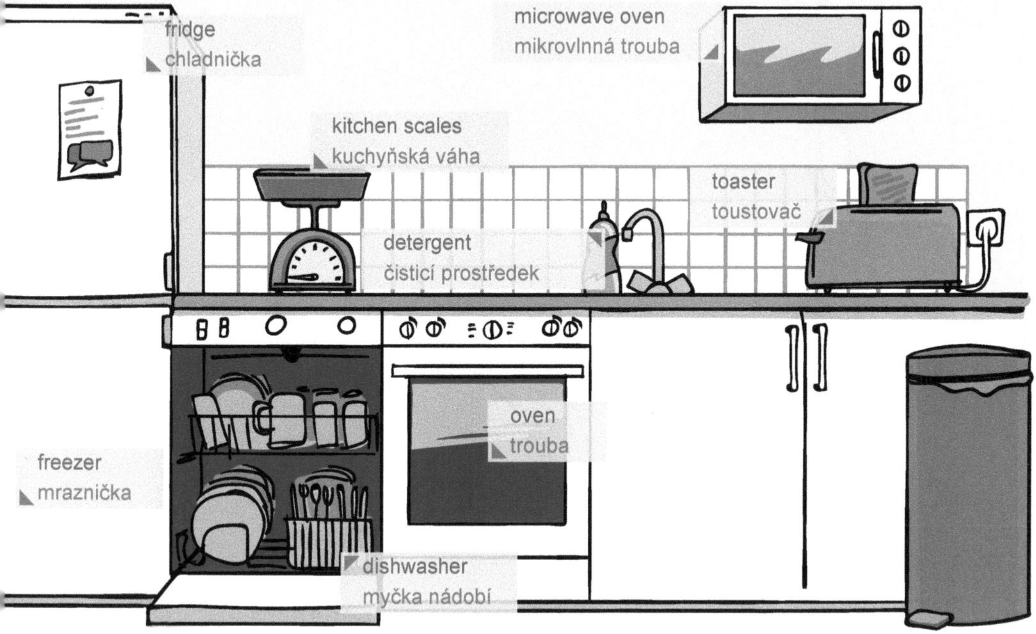

fridge
chladnička

microwave oven
mikrovlnná trouba

kitchen scales
kuchyňská váha

toaster
toustovač

detergent
čisticí prostředek

oven
trouba

freezer
mraznička

dishwasher
myčka nádobí

cooker	pot	cast-iron pot
sporák	hrnec	litinový hrnec

wok / kadai	pan	kettle
wok / kadai	pánev	varná konvice

steamer

parní hrnec

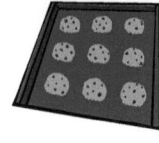

baking tray

plech na pečení

crockery

nádobí

mug

hrnek

bowl

miska

chopsticks

jídelní hůlky

ladle

naběračka

spatula

obracečka

whisk

metla

strainer

síto

sieve

cedník

grater

struhadlo

mortar

hmoždíř

barbecue

gril

open fire

ohniště

chopping board

prkénko na krájení

rolling pin

váleček na těsto

corkscrew

vývrtka

can

dóza

can opener

otvírák na konzervy

pot holder

chňapka

sink

umyvadlo

brush

kartáč na nádobí

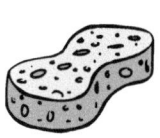

sponge

houba

blender

mixér

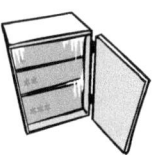

deep freezer

mrazák

baby bottle

dětská lahev

tap

kohoutek

bathroom
koupelna

shower
sprcha
heating
topení
towel
ručník
shower curtain
sprchový závěs
bubble bath
pěnová koupel
bathtub
vana
glass
sklenička
washing machine
pračka
tap
kohoutek
tiles
obkladačky
potty
nočník
sink
umyvadlo

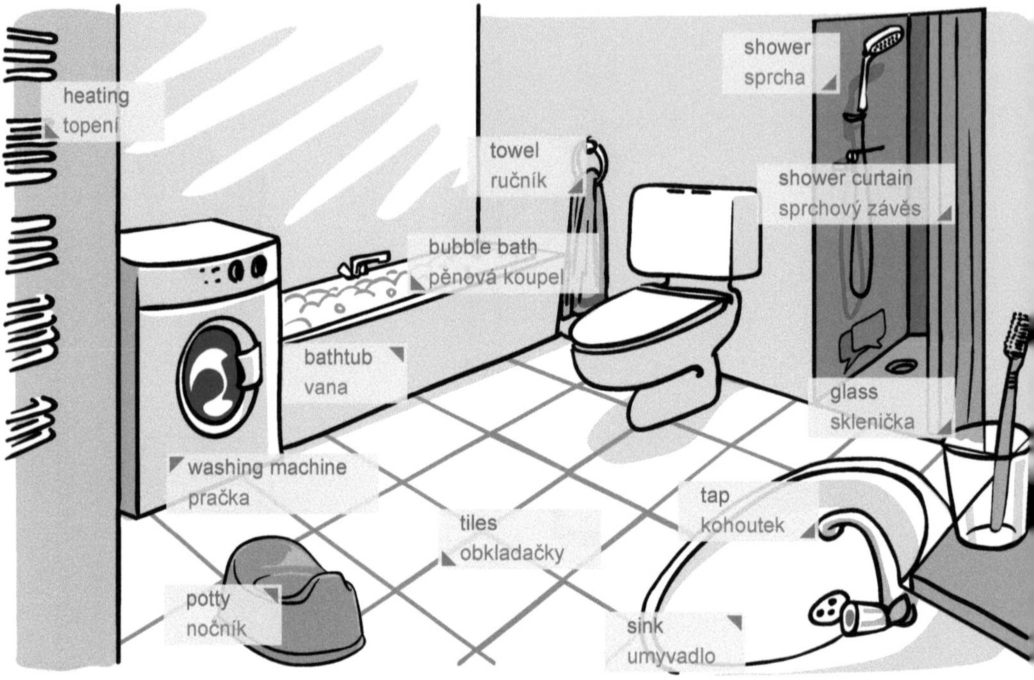

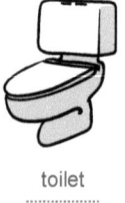

toilet

záchod

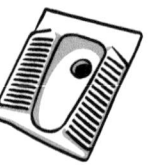

squat toilet

turecký záchod

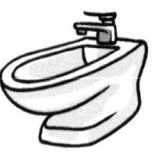

bidet

bidet

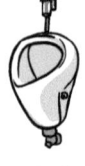

urinal

pisoár

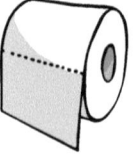

toilet paper

toaletní papír

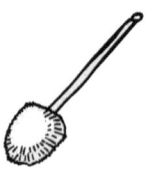

toilet brush

záchodová štětka

toothbrush

zubní kartáček

toothpaste

zubní pasta

dental floss

zubní niť

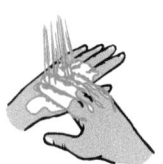

wash

mýt

handheld shower

ruční sprcha

douche

intimní sprcha

basin

umyvadlo

back brush

kartáč na záda

soap

mýdlo

shower gel

sprchový gel

shampoo

šampón

flannel

žínka

drain

odpad

cream

krém

deodorant

deodorant

mirror

zrcadlo

hand mirror

kosmetické zrcátko

razor

holicí strojek

shaving foam

pěna na holení

aftershave

voda po holení

comb

hřeben

brush

kartáč

hair dryer

fén

hairspray

lak na vlasy

makeup

makeup

lipstick

rtěnka

nail varnish

lak na nehty

cotton wool

vata

nail scissors

nůžky na nehty

perfume

parfém

washbag

taška s toaletními potřebami

stool

stolička

weighing scale

váha

bathrobe

župan

rubber gloves

gumové rukavice

tampon

tampón

sanitary towel

dámská vložka

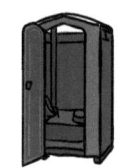

chemical toilet

chemická toaleta

child's room
dětský pokoj

alarm clock
budík
cuddly toy
plyšová hračka
toy car
autíčko
rattle
chrastítko
doll's house
domeček pro panenky
present
dárek

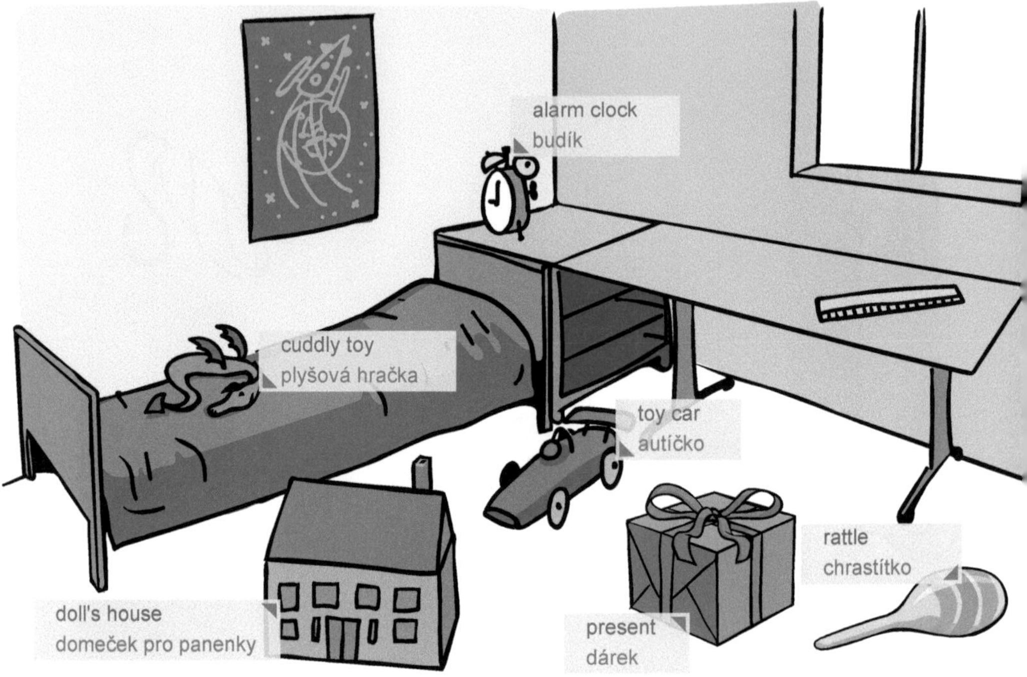

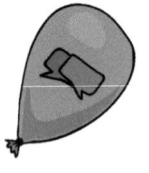

balloon

balón

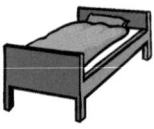

bed

postel

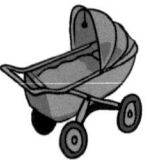

pram

kočárek

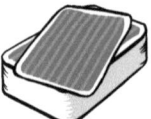

deck of cards

balíček karet

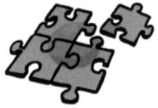

jigsaw

puzzle

comic

komiks

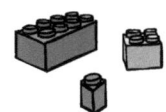

lego bricks

lego kostky

building blocks

stavebnice

action figure

akční figurka

babygrow

dupačky

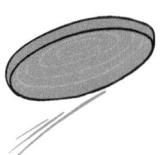

frisbee

frisbee

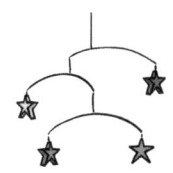

mobile

závěsné hračky nad
postýlku

board game

desková hra

dice

kostky

model train set

modelová železnice

dummy

dudlík

party

oslava

picture book

obrázková kniha

ball

míč

doll

panenka

play

hrát si

sandpit

pískoviště

swing

houpačka

toys

hračky

video game console

hrací konzole

tricycle

tříkolka

teddy bear

medvídek

wardrobe

šatník

clothing

oblečení

socks

ponožky

stockings

punčochy

tights

punčochové kalhoty

scarf
šála

belt
pásek

umbrella
deštník

t-shirt
tričko

boots
kozačky

slippers
domácí obuv

trainers
tenisky

sandals

sandály

shoes

obuv

rubber boots

holínky

underpants

spodní prádlo

bra

podprsenka

vest

nátělník

clothing - oblečení

body

body

trousers

kalhoty

jeans

džíny

skirt

sukně

blouse

blůza

shirt

košile

pullover

svetr

hoodie

mikina

blazer

blejzr

jacket

bunda

coat

kabát

raincoat

pláštěnka

costume

kostým

dress

šaty

wedding dress

svatební šaty

suit

oblek

nightgown

noční košile

pyjamas

pyžamo

sari

sárí

headscarf

šátek na hlavu

turban

turban

burqa

burka

kaftan

kaftan

abaya

abája

swimsuit

plavky

trunks

pánské plavky

shorts

kraťasy

tracksuit

tepláková souprava

apron

zástěra

gloves

rukavice

button

knoflík

glasses

brýle

bracelet

náramek

necklace

náhrdelník

ring

prsten

earring

náušnice

cap

čepice

coat hanger

ramínko

hat

klobouk

tie

kravata

zip

zip

helmet

helma

braces

kšandy

school uniform

školní uniforma

uniform

uniforma

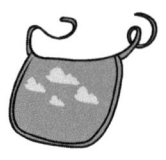

bib

bryndák

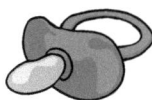

dummy

dudlík

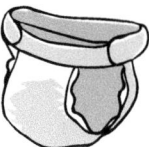

nappy

plena

office
kancelář

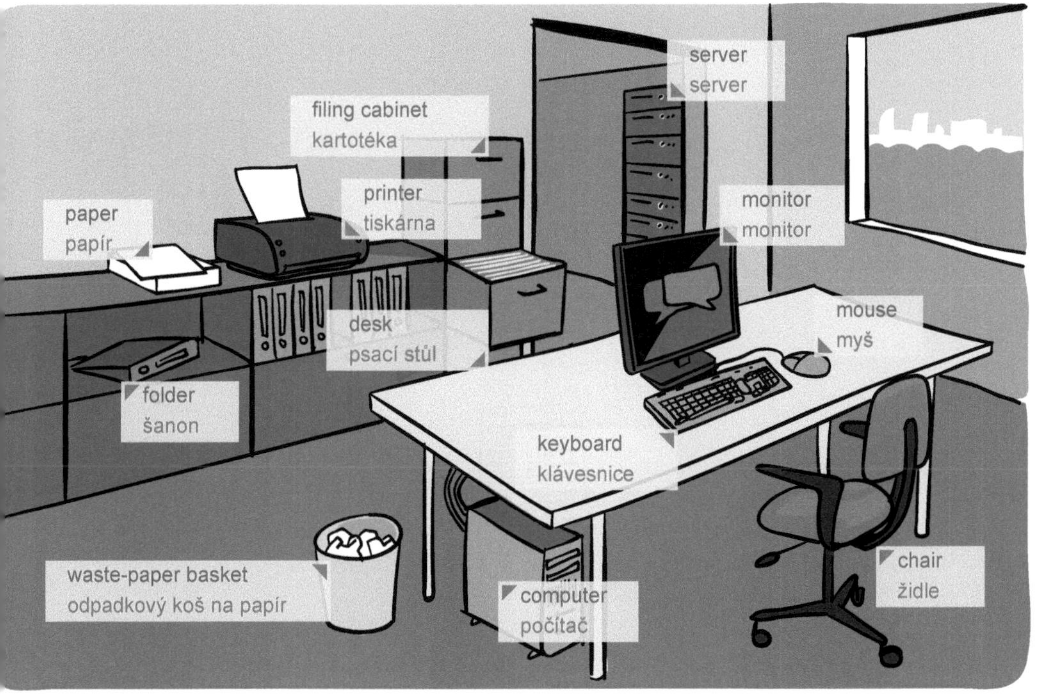
server
server
filing cabinet
kartotéka
printer
tiskárna
paper
papír
monitor
monitor
mouse
myš
desk
psací stůl
folder
šanon
keyboard
klávesnice
waste-paper basket
odpadkový koš na papír
computer
počítač
chair
židle

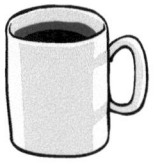

coffee mug

hrnek na kávu

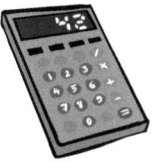

calculator

kalkulačka

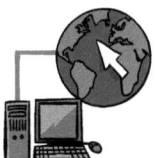

internet

internet

laptop

notebook

letter

dopis

message

zpráva

mobile

mobil

network

síť

photocopier

kopírka

software

software

telephone

telefon

plug socket

zásuvka

fax machine

fax

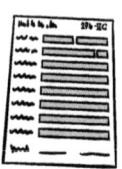

form

formulář

document

dokument

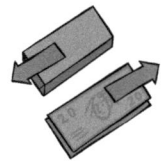

buy

nakupovat

pay

zaplatit

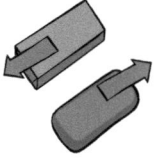

trade

jednat

money

peníze

USD

dollar

dolar

EUR

euro

euro

JPY

yen

jen

RUB

rouble

rubl

CHF

Swiss franc

frank

CNY

renminbi yuan

juan

INR

rupee

rupie

cashpoint

bankomat

bureau de change

směnárna

gold

zlato

silver

stříbro

oil

olej

energy

energie

price

cena

contract

smlouva

tax

daň

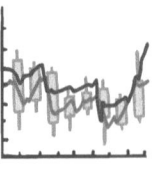

stock

akcie

work

pracovat

employee

zaměstnanec

employer

zaměstnavatel

factory

továrna

shop

obchod

police officer
policista

fireman
hasič

cook
kuchař

doctor
lékař

pilot
pilot

gardener

zahradník

carpenter

truhlář

seamstress

švadlena

judge

soudce

chemist

chemik

actor

herec

bus driver

řidič autobusu

taxi driver

řidič taxi

fisherman

rybář

cleaning lady

uklízečka

roofer

pokrývač

waiter

číšník

hunter

myslivec

painter

malíř

baker

pekař

electrician

elektrikář

builder

stavební dělník

engineer

inženýr

butcher

řezník

plumber

klempíř

postman

listonoš

soldier

voják

architect

architekt

cashier

pokladní

florist

florista

hairdresser

kadeřník

conductor

průvodčí

mechanic

mechanik

captain

kapitán

dentist

zubař

scientist

vědec

rabbi

rabín

imam

imám

monk

mnich

clergyman

duchovní

tools
nářadí

pliers
kleště
hammer
kladivo
screwdriver
šroubovák
torch
kapesní svítilna
spanner
klíč

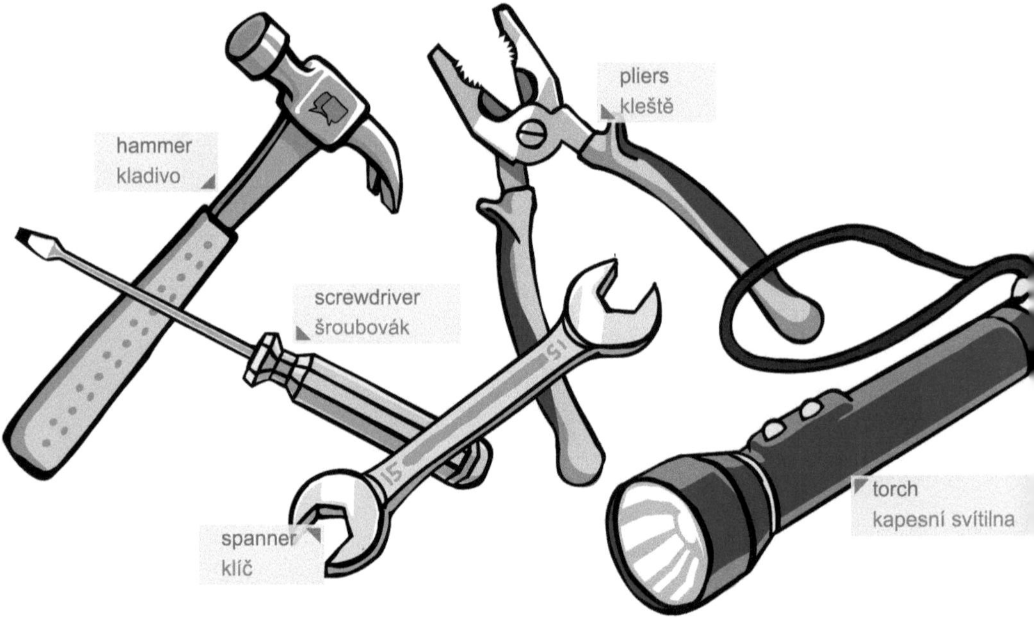

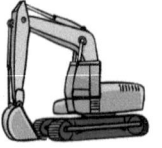

digger

bagr

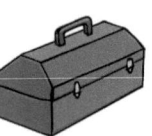

toolbox

skříň na nářadí

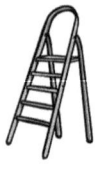

ladder

žebřík

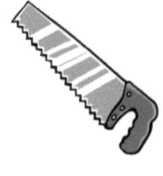

saw

pila

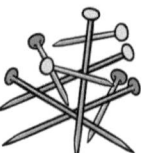

nails

hřebíky

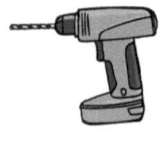

drill

vrtačka

repair

opravit

shovel

lopata

Damn!

Kurva!

dustpan

lopatka

paint pot

vědroé na barvu

screws

šrouby

musical instruments
hudební nástroje

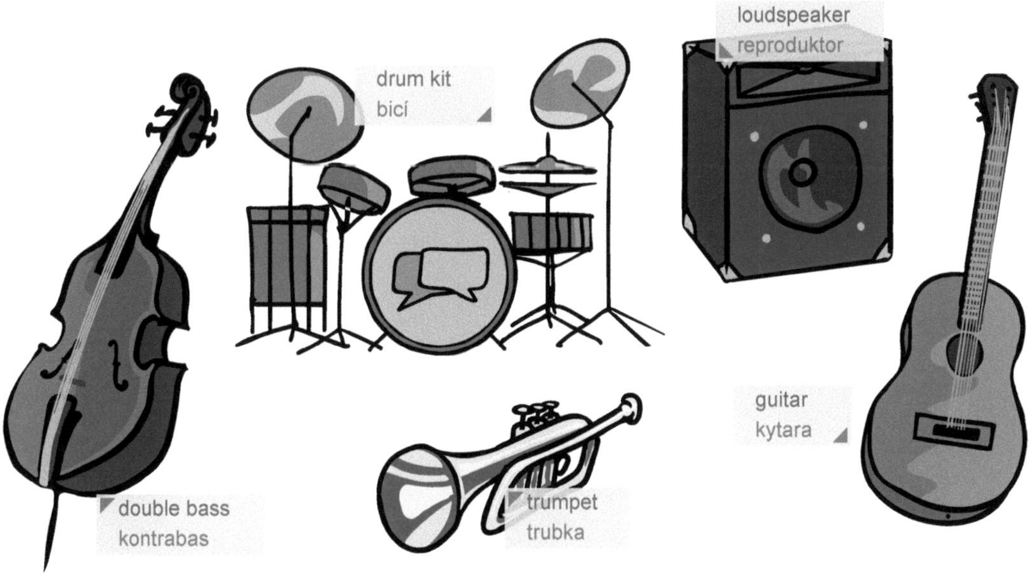

drum kit
bicí

loudspeaker
reproduktor

guitar
kytara

double bass
kontrabas

trumpet
trubka

piano

klavír

violin

housle

bass

basa

timpani

tympán

drums

bubny

keyboard

keyboard

saxophone

saxofon

flute

flétna

microphone

mikrofon

ZOO

ZOO

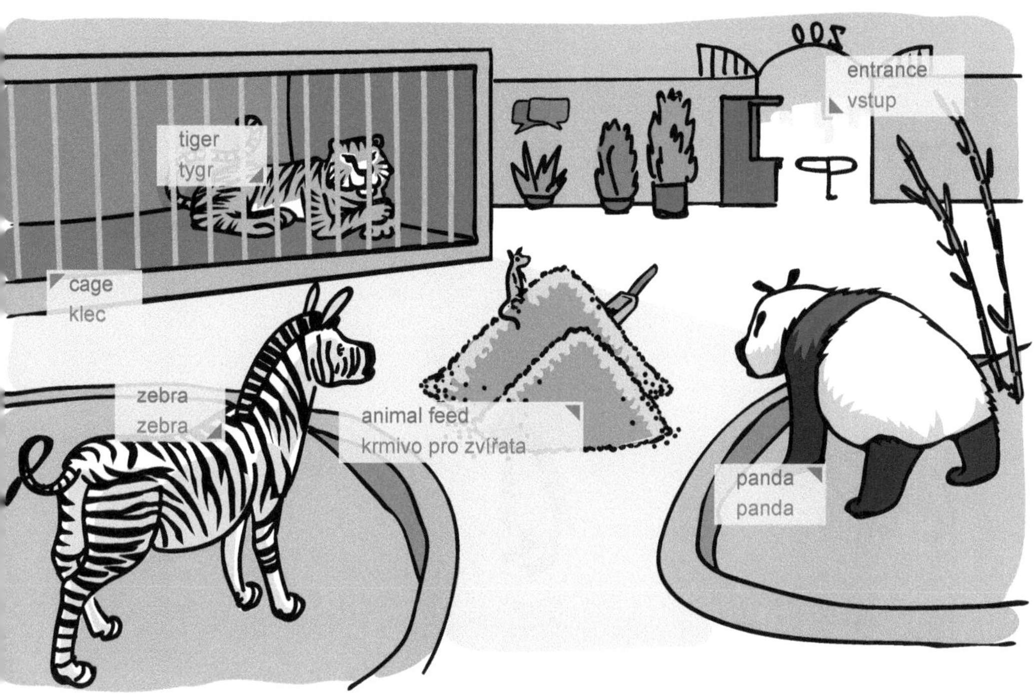

tiger
tygr
entrance
vstup
cage
klec
zebra
zebra
animal feed
krmivo pro zvířata
panda
panda

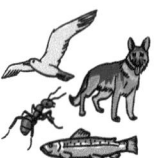

animals

zvířata

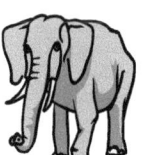

elephant

slon

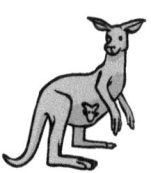

kangaroo

klokan

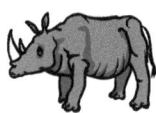

rhino

nosorožec

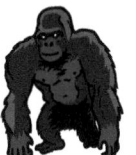

gorilla

gorila

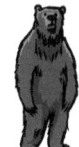

bear

medvěd

camel

velbloud

ostrich

pštros

lion

lev

monkey

opice

flamingo

plameňák

parrot

papoušek

polar bear

lední medvěd

penguin

tučňák

shark

žralok

peacock

páv

snake

had

crocodile

krokodýl

zookeeper

ošetřovatel zvířat

seal

tuleň

jaguar

jaguár

pony

poník

leopard

leopard

hippo

hroch

giraffe

žirafa

eagle

orel

boar

divoké prase

fish

ryby

turtle

želva

walrus

mrož

fox

liška

gazelle

gazela

American football
americký fotbal

cycling
cyklistika

tennis
tenis

basketball
košíková

swimming
plavání

boxing
box

ice hockey
lední hokej

football
kopaná

badminton
badminton

athletics
lehká atletika

handball
házená

skiing
běh na lyžích

polo
vodní pólo

activities
aktivity

jump
skočit
sing
zpívat
hug
objímat
laugh
smát se
walk
jít
dream
snít
pray
modlit se
kiss
políbit

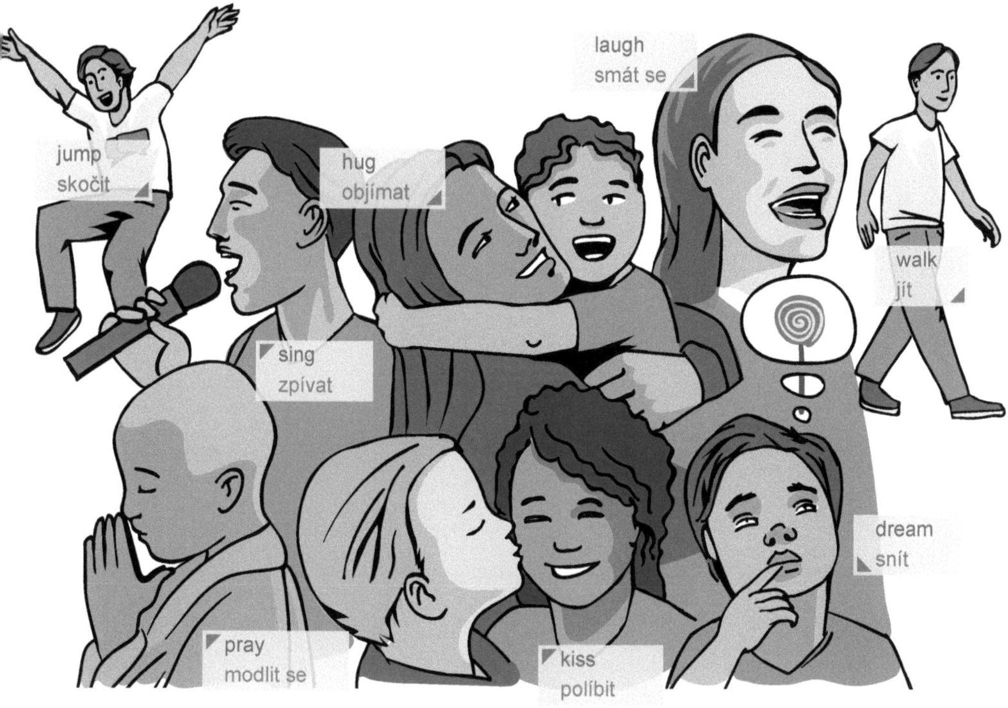

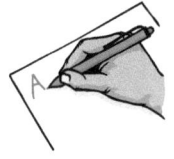

write

psát

draw

kreslit

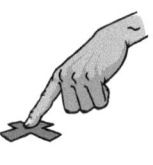

show

ukazovat

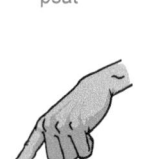

push

tlačit

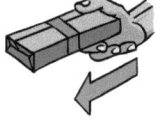

give

dát

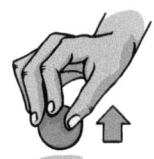

take

vzít si

have
mít

do
dělat

be
být

stand
stát

run
běhat

pull
táhnout

throw
hodit

fall
padat

lie
ležet

wait
čekat

carry
nosit

sit
sedět

get dressed
oblékat

sleep
spát

wake up
vzbudit se

look at

prohlédnout si

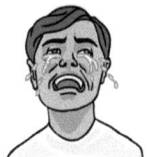

cry

plakat

stroke

pohladit

comb

česat

talk

hovořit

understand

rozumět

ask

ptát se

listen

slyšet

drink

pít

eat

jíst

tidy up

uklidit

love

milovat

cook

vařit

drive

jet

fly

letět

sail

plachtit

calculate

počítat

read

číst

learn

učit se

work

pracovat

marry

vzít si

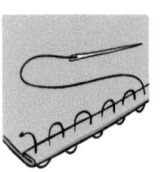

sew

šít

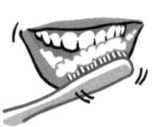

brush teeth

čistit si zuby

kill

zabít

smoke

kouřit

send

poslat

family
rodina

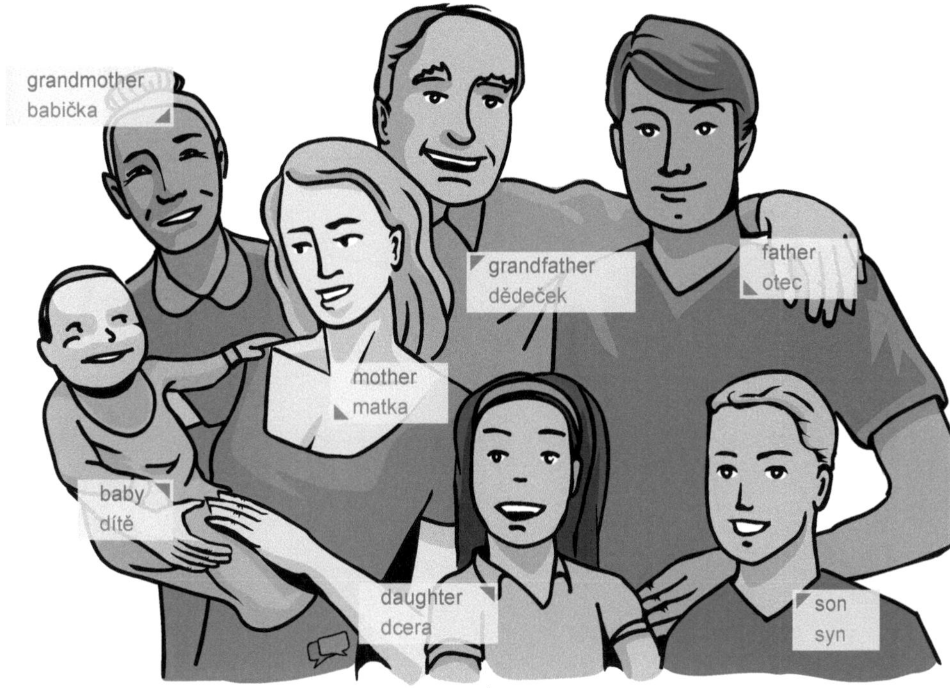
grandmother
babička
grandfather
dědeček
father
otec
mother
matka
baby
dítě
daughter
dcera
son
syn

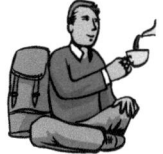

guest
host

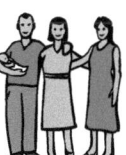

aunt
teta

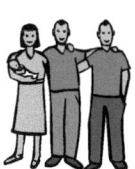

uncle
strýc

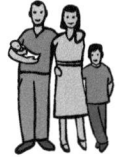

brother
bratr

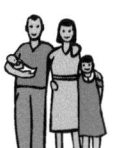

sister
sestra

body
tělo

forehead
čelo
eye
oko
shoulder
rameno
finger
prst
face
obličej
chin
brada
hand
ruka
leg
dolní končetina
breast
hruď
arm
paže

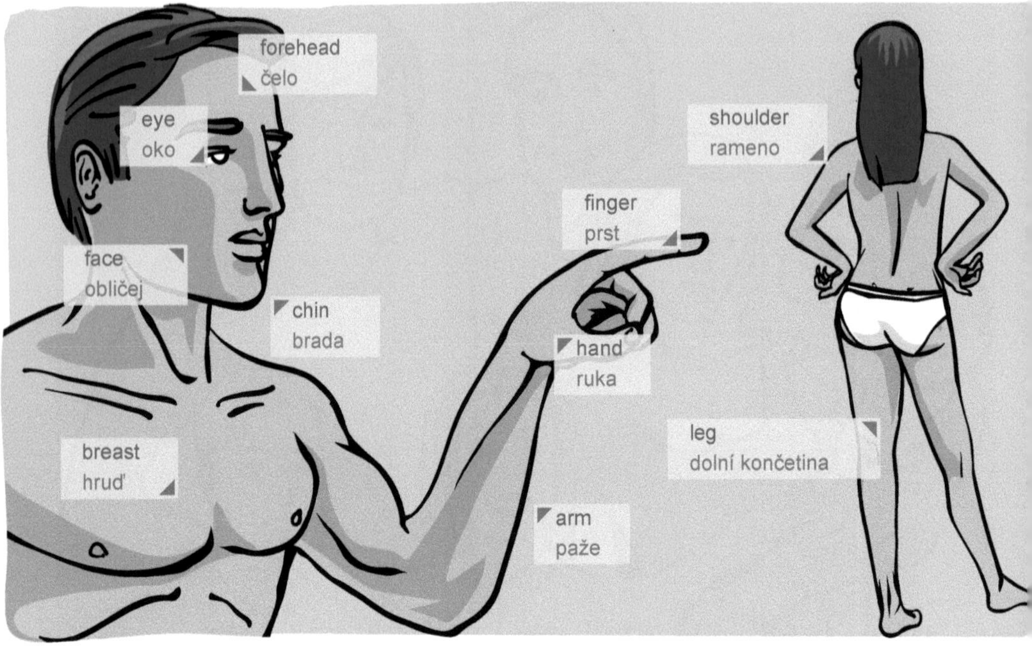

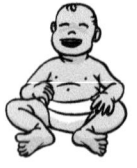

baby

dítě

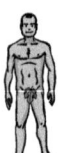

man

muž

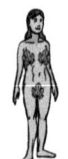

woman

žena

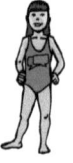

girl

dívka

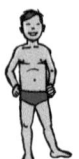

boy

chlapec

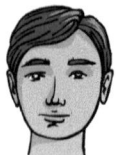

head

hlava

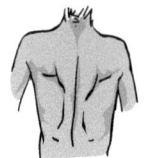

back

záda

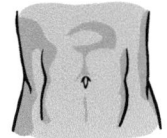

belly

břicho

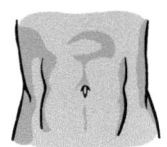

belly button

pupík

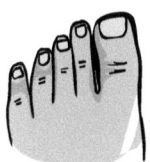

toe

prst na noze

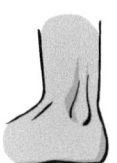

heel

pata

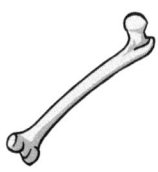

bone

kost

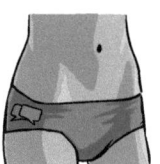

hip

bok

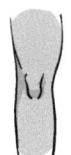

knee

koleno

elbow

loket

nose

nos

bottom

zadek

skin

kůže

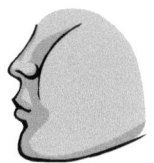

cheek

tvář

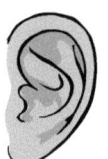

ear

ucho

lip

ret

mouth

ústa

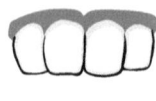

tooth

zub

tongue

jazyk

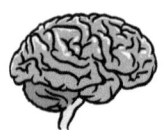

brain

mozek

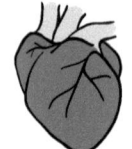

heart

srdce

muscle

sval

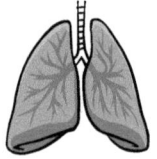

lung

plíce

liver

játra

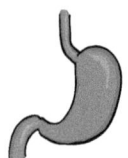

stomach

žaludek

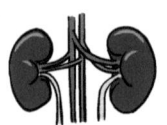

kidneys

ledviny

sex

pohlavní styk

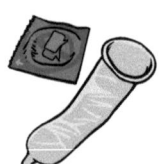

condom

kondom

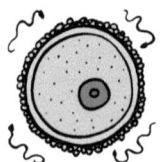

ovum

vajíčko

semen

sperma

pregnancy

těhotenství

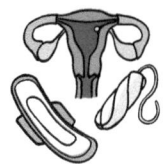

menstruation

menstruace

vagina

vagina

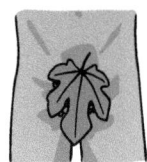

penis

penis

eyebrow

obočí

hair

vlasy

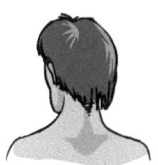

neck

krk

hospital
nemocnice

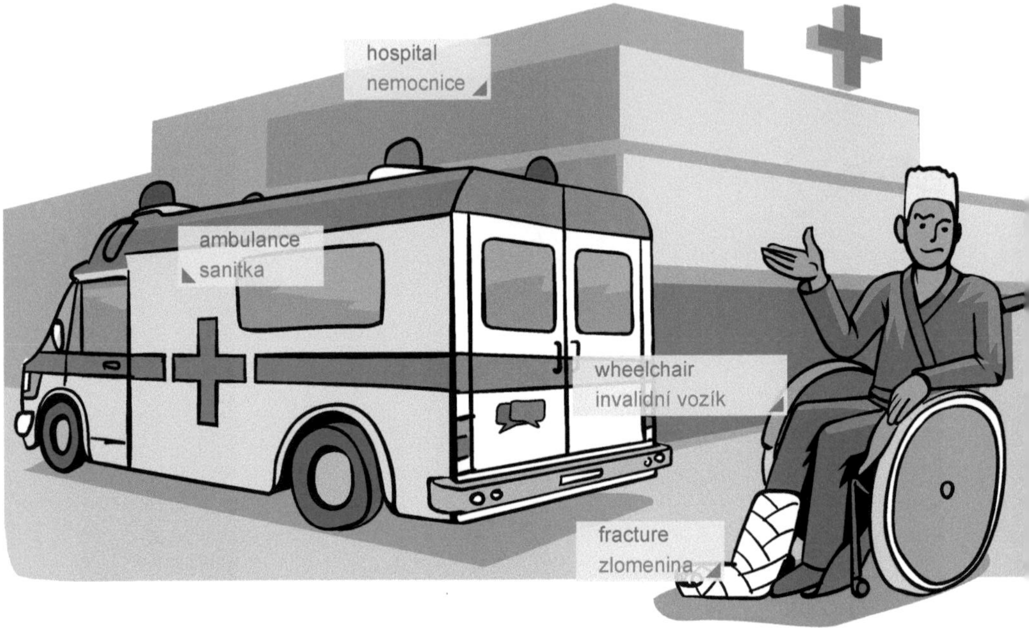

hospital
nemocnice

ambulance
sanitka

wheelchair
invalidní vozík

fracture
zlomenina

doctor

lékař

emergency room

pohotovost

nurse

zdravotní sestra

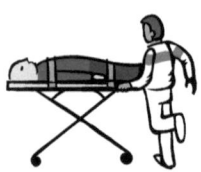

emergency

urgentní případ

unconscious

v bezvědomí

pain

bolest

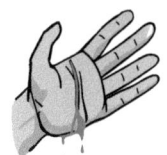

injury

úraz

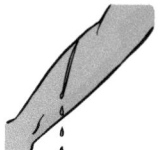

bleeding

krvácení

heart attack

infarkt myokardu

stroke

cévní mozková příhoda

allergy

alergie

cough

kašel

fever

horečka

flu

chřipka

diarrhoea

průjem

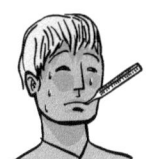

headache

bolest hlavy

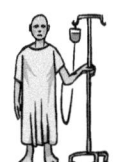

cancer

rakovina

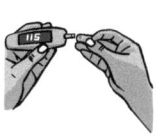

diabetes

cukrovka

surgeon

chirurg

scalpel

skalpel

operation

operace

hospital - nemocnice

73

CT

CT

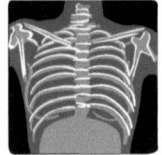

x-ray

rentgen

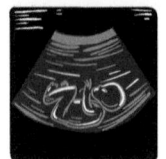

ultrasound

ultrazvuk

face mask

maska

disease

nemoc

waiting room

čekárna

crutch

berle

plaster

náplast

bandage

obvaz

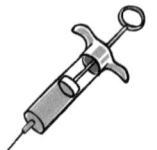

injection

injekce

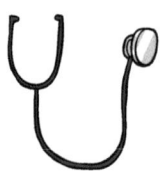

stethoscope

stetoskop

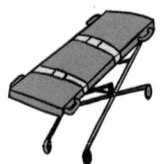

stretcher

nosítka

clinical thermometer

teploměr

birth

porod

overweight

nadváha

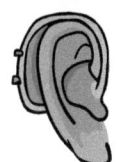

hearing aid

naslouchátko

disinfectant

dezinfekční prostředek

infection

infekce

virus

virus

HIV / AIDS

HIV / AIDS

medicine

lékařství

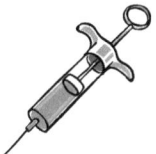

vaccination

očkování

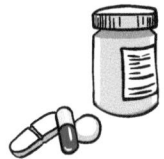

tablets

tablety

pill

pilulka

emergency call

tísňové volání

blood pressure monitor

tonometr

ill / healthy

nemocný / zdravý

Help!
....
Pomoc!

alarm
....
poplach

assault
....
přepadení

attack
....
napadení

danger
....
nebezpečí

emergency exit
....
nouzový východ

Fire!
....
Hoří!

fire extinguisher
....
hasicí přístroj

accident
....
nehoda

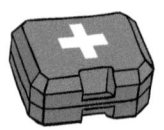

first-aid kit
....
zdravotnická brašna

SOS
....
SOS

police
....
policie

Europe

Evropa

North America

Severní Amerika

South America

Jižní Amerika

Africa

Afrika

Asia

Asie

Australia

Austrálie

Atlantic

Atlantik

Pacific

Pacifik

Indian Ocean

Indický oceán

Antarctic Ocean

Jižní ledový oceán

Arctic Ocean

Severní ledový oceán

North Pole

severní pól

South Pole

jižní pól

Antarctica

Antarktida

Earth

země

land

pevnina

sea

moře

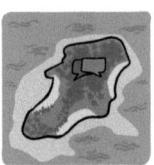

island

ostrov

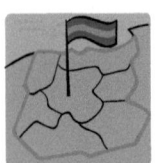

nation

národ

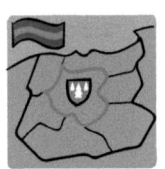

state

stát

clock face

ciferník

hour hand

hodinová ručička

minute hand

minutová ručička

second hand

vteřinová ručička

What time is it?

Kolik je hodin?

day

den

time

čas

now

teď

digital watch

digitální hodinky

minute

minuta

hour

hodina

week

týden

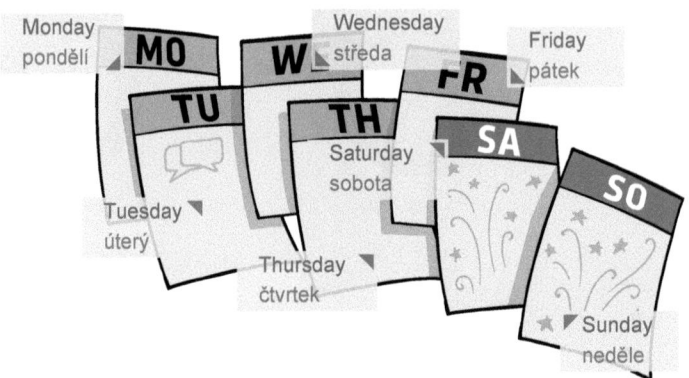

Monday pondělí — MO
Tuesday úterý — TU
Wednesday středa — W
Thursday čtvrtek — TH
Friday pátek — FR
Saturday sobota — SA
Sunday neděle — SO

yesterday

včera

today

dnes

tomorrow

zítra

morning

ráno

noon

poledne

evening

večer

MO	TU	WE	TH	FR	SA	SU
1	2	3	4	5	6	7
8	9	10	11	12	13	14
15	16	17	18	19	20	21
22	23	24	25	26	27	28
29	30	31	1	2	3	4

business days

pracovní dny

MO	TU	WE	TH	FR	SA	SU
1	2	3	4	5	6	7
8	9	10	11	12	13	14
15	16	17	18	19	20	21
22	23	24	25	26	27	28
29	30	31	1	2	3	4

weekend

víkend

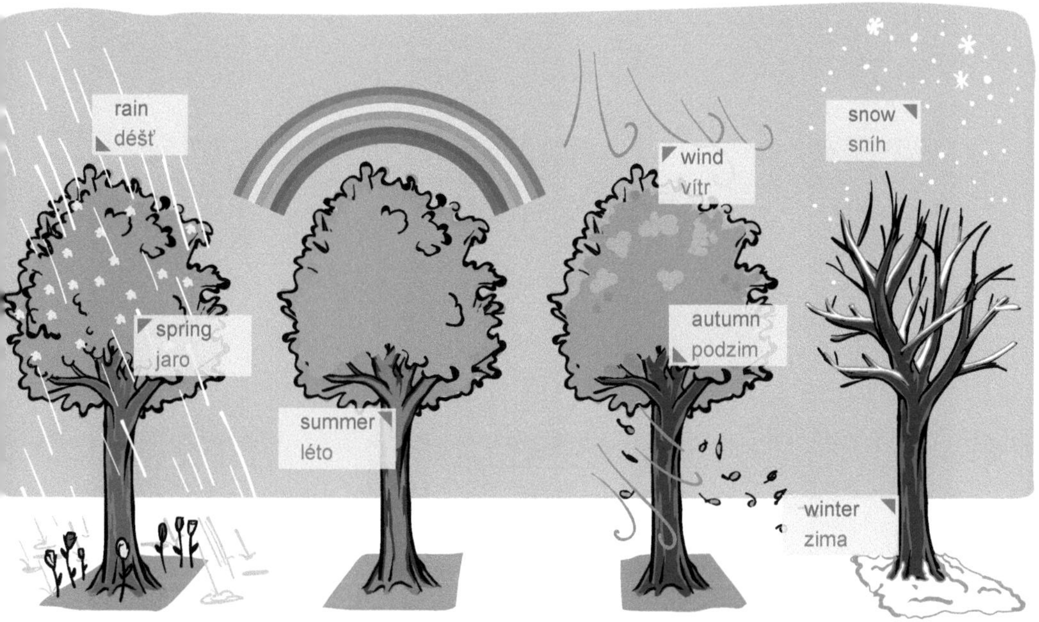

rain
déšť
spring
jaro
summer
léto
wind
vítr
autumn
podzim
snow
sníh
winter
zima

4.APRIL 11°
5.APRIL 4°
6.APRIL 13°
7.APRIL 8°
8.APRIL 10°

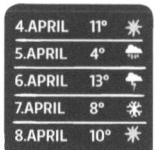

weather forecast

předpověď počasí

F
C
120
90
60
30
0
-30
40
30
20
10
0
-10
-20

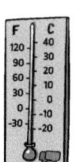

thermometer

teploměr

sunshine

sluneční svit

cloud

mrak

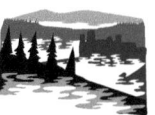

fog

mlha

humidity

vlhkost

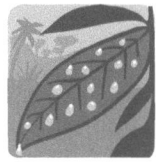

lightning

blesk

thunder

hrom

storm

bouřka

hail

kroupy

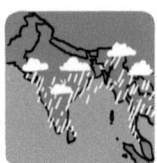

monsoon

monzun

flood

povodeň

ice

led

January

leden

February

únor

March

březen

April

duben

May

květen

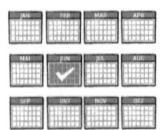

June

červen

July

červenec

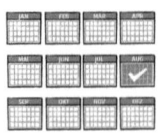

August

srpen

year - rok

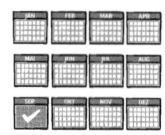

September

·······················

září

October

·······················

říjen

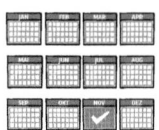

November

·······················

listopad

December

·······················

prosinec

shapes
tvary

circle

·······················

kruh

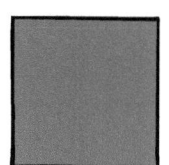

square

·······················

čtverec

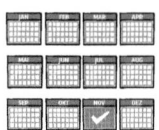

rectangle

·······················

obdélník

triangle

·······················

trojúhelník

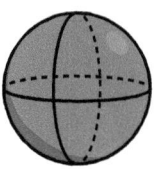

sphere

·······················

koule

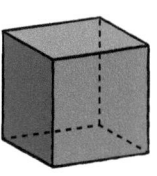

cube

·······················

krychle

white
....
bílá

yellow
....
žlutá

orange
....
oranžová

pink
....
růžová

red
....
červená

purple
....
fialová

blue
....
modrá

green
....
zelená

brown
....
hnědá

grey
....
šedá

black
....
černá

a lot / a little

hodně / málo

angry / calm

rozzuřený / mírumilovný

beautiful / ugly

krásný / ošklivý

beginning / end

začátek / konec

big / small

velký / malý

bright / dark

světlý / tmavý

brother / sister

bratr / sestra

clean / dirty

čistý / špinavý

complete / incomplete

úplný / neúplný

day / night

den / noc

dead / alive

mrtvý / živý

wide / narrow

široký / úzký

edible / inedible

jedlý / nejedlý

evil / kind

zlý / hodný

excited / bored

vzrušený / znuděný

fat / thin

tlustý / hubený

first / last

nejdříve / naposledy

friend / enemy

přítel / nepřítel

full / empty

plný / prázdný

hard / soft

tvrdý / měkký

heavy / light

těžký / lehký

hunger / thirst

hlad / žízeň

ill / healthy

nemocný / zdravý

illegal / legal

ilegální / legální

intelligent / stupid

inteligentní / hloupý

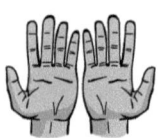

left / right

vlevo / vpravo

near / far

blízko / daleko

new / used
nový / použitý

nothing / something
nic / něco

old / young
starý / mladý

on / off
zapnutý / vypnutý

open / closed
otevřeno / zavřeno

quiet / loud
tichý / hlasitý

rich / poor
bohatý / chudý

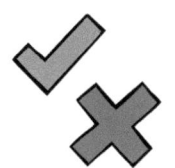

right / wrong
správný / špatný

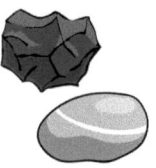

rough / smooth
drsný / hladký

sad / happy
smutný / šťastný

short / long
krátký / dlouhý

slow / fast
pomalý / rychlý

wet / dry
vlhký / suchý

warm / cool
teplý / chladný

war / peace
válka / mír

0

zero

nula

1

one

jedna

2

two

dva

3

three

tři

4

four

čtyři

5

five

pět

6

six

šest

7

seven

sedm

8

eight

osm

9

nine

devět

10

ten

deset

11

eleven

jedenáct

12

twelve

dvanáct

13

thirteen

třináct

14

fourteen

čtrnáct

15

fifteen

patnáct

16

sixteen

šestnáct

17

seventeen

sedmnáct

18

eighteen

osmnáct

19

nineteen

devatenáct

20

twenty

dvacet

100

hundred

sto

1.000

thousand

tisíc

1.000.000

million

milion

English
....
angličtina

American English
....
americká angličtina

Chinese Mandarin
....
standardní čínština

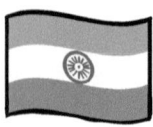

Hindi
....
hindština

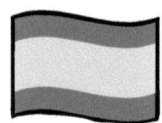

Spanish
....
španělština

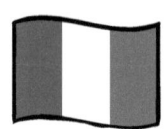

French
....
francouzština

Arabic
....
arabština

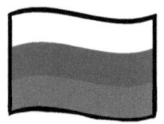

Russian
....
ruština

Portuguese
....
portugalština

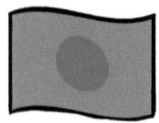

Bengali
....
bengálština

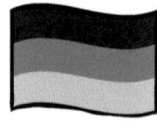

German
....
němčina

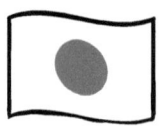

Japanese
....
japonština

I
já

you
ty

he / she / it
on / ona / ono

we
my

you
vy

they
oni

who?
Kdo?

what?
Co?

how?
Jak?

where?
Kde?

when?
Kdy?

name
jméno

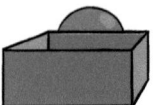

behind

za

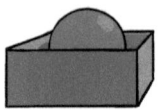

in

do

in front of

z

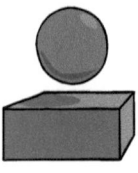

over

nad

on

na

under

mezi

beside

vedle

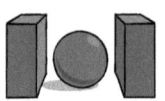

between

mezi

place

místo